BEI GRIN MACHT SICH IHR WISSEN BEZAHLT

- Wir veröffentlichen Ihre Hausarbeit, Bachelor- und Masterarbeit

- Ihr eigenes eBook und Buch - weltweit in allen wichtigen Shops

- Verdienen Sie an jedem Verkauf

Jetzt bei www.GRIN.com hochladen und kostenlos publizieren

Bibliografische Information der Deutschen Nationalbibliothek:

Die Deutsche Bibliothek verzeichnet diese Publikation in der Deutschen National-
bibliografie; detaillierte bibliografische Daten sind im Internet über http://dnb.d-
nb.de/ abrufbar.

Impressum:

Copyright © 2008 GRIN Verlag, Open Publishing GmbH
Druck und Bindung: Books on Demand GmbH, Norderstedt Germany
ISBN: 9783668345652

Dieses Buch bei GRIN:

http://www.grin.com/de/e-book/344483/bildungs-und-erziehungsverstaendnis-
martin-luthers-im-hinblick-auf-die

Katharina Schmidt

Bildungs- und Erziehungsverständnis Martin Luthers. Im Hinblick auf die Familie, im Zeitalter von Bildungsdifferenzierung und religiös-scholastischer Macht

mit PowerPoint Präsentation

GRIN Verlag

Inhalt

1 Historischer Überblick 2

2 Sozialgeschichtlicher Hintergrund 3

   2.1   Menschenbild des Mittelalters 3

   2.2   Leben und arbeiten im Mittelalter 3

   2.3   Die Familie im Mittelalter 5

3 Erziehung und Bildung im Mittelalter 7

4 Martin Luther als Pädagoge 13

   4.1   Biographischer Überblick 13

   4.2   Seine Kindheit und seine Familie 15

   4.3   Bildungs- und Erziehungsverständnis 16

5 Aktueller Bezug 21

6 Literaturverzeichnis 24

Einleitung:

- Mich selbst vorstellen
- Fragen gerne zwischendrin, vor allem wenn Begriffe auftauche die ich noch nicht erklärt hab
- war zu Beginn eher skeptisch…Thema war komisch, aber dann bei genauerer Betrachtung sehr Interessant
- welches Ziel verfolgt mein Vortrag? → auf Gliederung eingehen

(Überblick über Erziehung und Bildung im späten Mittelalter, dann Frage welche Bedeutung haben damalige Erziehungsideale heute noch und inwieweit können sie Erziehung heute bereichern?)

- Letzte Woche war Reformationstag
- Luthers Pädagogischen Ideen sind an ihre Zeit gebunden und können nur vor Hintergrund der damaligen gesellschaftlichen Rahmenbedingungen interpretiert werden
- Rahmenbedingung: Spätmittelalterlicher Ständestaat

1   Historischer Überblick

Befinden uns im Mittelalter: Genauer gesagt im
→ Spätmittelalter (13. Jh. – Ende 15/ Anfang 16. Jhd.)

1440 – Friedrich III wird Deutscher Kaiser
1445 – Johann Gutenberg entwickelt Buchdruck mit beweglichen Lettern
1492 – Entdeckung Amerikas durch Kolumbus

- **Früh – Mittelalter** (5./6. Jh. Bis etwa 10./11. Jh.)
= naturalwirtschaftlichen Adels- und Grundherrschaft
- **Hoch – Mittelalter** (11. Jh. Bis etwa Mitte 13. Jh.)
= Blüte des Rittertums, Gesellschafts- und Wirtschaftsform = Feudalwesen, Kreuzzüge
- **Spät - Mittelalter**
    = Aufstieg des Bürgertums und Städtewesens

- Ablösung des Mittelalters durch Renaissance & Humanismus 15. und 16. Jhd.
- Anstoß war Reformation Anfang des 16. Jhd.

<u>Charakteristisch für Mittelalter in Deutschland:</u>
- eine nach Ständen geordnete Gesellschaft

- Kirche stand auf Höhepunkt der Macht
    → Blickt auf Jahrtausende alte Lehrtradition zurück
    → gläubig christliche Geisteshaltung in Kunst, Literatur und Wissenschaft
→ nahm Menschen von Geburt an in Besitz (Taufe) und ließ ihn nicht mehr los

-       Luther wuchs in Zeit der Aufbruchstimmung hinein (in der Kunst, Literatur und Wissenschaft neu belebt wurden, viele Erfindungen und Entdeckungen)

2   Sozialgeschichtlicher Hintergrund

2.1   Menschenbild des Mittelalters

- Mensch war von seinem christlichen Glauben stark beeinflusst
→ Mensch war sich über Vergänglichkeit des irdischen Lebens und Unausweichlichkeit des Todes bewusst
  → nach christlicher Lehre gibt es ewiges Leben:
entweder in Seligkeit im Himmel oder in Verdammnis in Hölle (je nach Gottes Richterspruch)
- gesamte Handeln und Leben darauf ausgerichtet, die ewige Seligkeit im Himmel zu erfahren (ziel von Sündhaftigkeit gefährdet, aber Kirche konnte helfen)

- somit war der Mensch geprägt vom Glauben, hatte Gott und Kirche gegenüber gehorsam zu sein

- Unterwürfig vor Gott
→ Hinnahme des eigenen Schicksals als von Gott gewollt
        → Herrschaft des Adels wird als gottgewollt anerkannt
        → Ungleichheit zwischen den Menschen meist hingenommen
        → Einzelne ist sich seiner Individualität noch nicht bewusst (wie in Renaissance)

- Aber auch:
→ Wiederentdeckung des Wissens der Antike
→ Handel mit dem Orient bietet die Möglichkeit der Verbreitung von Wissen und Erfindungen

2.2   Leben und arbeiten im Mittelalter

-       Christliche Religion war unangefochtene Grundlage und der ideale Richtpunkt des mittelalterlichen Gesamtlebens
        → formte innere Haltung des Einzelnen gegenüber der Gemeinschaft und seiner Ständischen Ordnung

-       spätmittelalterlicher Ständestaat (kurze Erklärung) + Feudalwesen
-       Anteilsmäßig größter Stand: 3. Stand
→ Leben war geprägt von Arbeit

-     <u>3. Stand: Bauern</u>

    85% - 90% der Bevölkerung Deutschlands

Frau = Haus, - Milch, und Viehwirtschaft, Vorratswirtschaft, Brot backen, Bier brauen, Verkauf von eigens erzeugten Produkten → konnten durchaus selbst Geld erwirtschaften, aber kaum Zeit durch starke Einbindung in Familienwirtschaft

    Mann = übrigen in Landwirtschaft anfallenden Arbeiten

Beide = Gras- und Erntearbeit

Mägde & Knechte = Teile der Land- und Hauswirtschaft

(lebten gegen geringe Vergütung zusammen)

-     <u>3. Stand: Bürger</u>

    Verdienten ihr Brot und Geld in Städten

    Meist einfache Handwerker und Kaufleute

Reicht von Bettler bis vermögender Kaufmann

    Manche in Zünften organisiert

-     <u>2. Stand: Adel</u>

    Unterscheidung zwischen reichen Adel und verarmten Landadel

    Meist Verwaltungsaufgaben + Verteidigung des Volkes und des Klerus gegen Feinde

(Ritter)

-     <u>1. Stand: hohe Geistliche und Klerus (Priesterstand)</u>

    Aufgabe: Sorge für das Seelenheil

    Auch Fürsten und Kaiser und Könige

    Hatten kaum Arbeit

2.3 Die Familie im Mittelalter

-        <u>Geschlechterbeziehung:</u>
-        mittelalterliche Gesellschaft = männlich geprägt
        → Frauen waren Männern in jeder Hinsicht untergeordnet
        → Frauen wurden weitestgehend von allen öffentlichen Angelegenheiten
ausgeschlossen
-        Situation aber auch abhängig, von Ökonomie des Standes, in dem sie lebte
-        Mutterschaft wurde verehrt, unfruchtbare Frauen, Frauen nach Wechseljahren hatten
geringeren Wert als fruchtbare

-        <u>Ehe:</u>
-        = Basis für Zusammenleben der Generationen und Geschlechter in einer Familie
-        anzustrebendes Ziel im Leben eines Christen
-        Grundlage um Familie zu gründen

-        <u>Eheschließung:</u>
-        oftmals wurden Mann und Frau schon während des Jugendalters einander versprochen
-        Mädchen verbrachten die Zeit vor der Ehe meist im Kloster (zwecks Erziehung)
-        Verheiratung bereits ab 12 Jahren möglich
-        Elterliche Befehlsgewalt hatte Vorrang vor den Wünschen der jungen Eheleute,
OBWOHL offiziell proklamierte Freiwilligkeit
-        Eltern orientierten sich meist nach sozialen Aufstiegschancen oder politischen
Angelegenheiten
-        Frau ging mit der Heirat von der Munt des Vaters in die Munt des Ehemannes über
→ Ende der väterlichen Munt auch gegenüber Sohn bei Heirat
-        Munt des Ehemannes = Schutzverpflichtung gegenüber Ehefrau
(Munt = umfassende Gewalt des Hausherren)

-        <u>Friedelehe:</u>
-        lösbare Ehe mit einer freien Frau (Friedel)
-        Mann konnte mehrere Friedelfrauen haben
-        musste aber Wittum zahlen (Art Wittwenrente)
-        Hochzeit war weltlich → Ehe war von Kirche verurteilt
-        <u>Kirchliche Ehevorstellungen:</u>
-        Kirche wollte der kirchlichen Segnung der Ehe immer größeres Gewicht beimessen als
weltlichen Akten (Verlöbnis, Beilager)
→ Kirche gewann immer mehr Einfluss auf Eheschließung
-        ab 12. Jhd. Einsegnung des Brautpaares durch Geistlichen üblich
-        Zweck der Ehe war aus kath. Sicht die Fortpflanzung und Vorbereitung auf Liebe
-        „Nicht die Liebe führt zur Ehe, sondern die Ehe soll zur Liebe führen"
-        kirchliche Vorstellung von Ehe = Muntehe
-        auch Zweck der Ehe: jede Form außereheliche Sexualität vermeiden

-       Familie:
-       Begriff „Familie" damals weiter gefasst: Familie = sowohl Verwandtschaftsverband wie auch Hausgemeinschaft
→Verwandtschaft = in erster Linie Blutsverwandte, aber auch Verschwägerte
→ Hausgemeinschaft = ca. 8 Personen unter einem Dach, Kernfamilie (Eltern, Kinder) + Mägde und Knechte + Eltern/Schwiegereltern des Hausvaters, dienten der Sicherung des Lebens und der Befriedigung materieller und emotionaler Bedürfnisse der Menschen
→ Für Kinder GEBORGENHEIT ???

-       Alle lebten unter „Munt" des Hausvaters
-       Aufgabe des Muntherren: Schutz der unter seiner Munt unterworfenen Menschen und deren Vertretung vor Gericht
         → aus dieser Verantwortung ergab sich starke Stellung im Haus
→ aber Hausfrau konnte auch (bei Abwesenheit des Hausvaters) die Verantwortung und Kontrolle übernehmen
-       Hausvater war aber **nicht** uneingeschränkter Herrscher,
-       er traf alle wichtigen Entscheidungen und schlichtete innerfamiliere Konflikte,
-       repräsentierte das Haus nach außen,
-       war der Gesellschaft gegenüber verantwortlich für Erziehung der Kinder im Sinne des christlichen Sittenkodex, für Klostereintritt, Lehre, Ausbildung sowie gute Verheiratung
-       Erziehungsort für Kinder

-       Kinder und Jugendliche:
-       Hatten im Mittelalter festen Platz in der Gesellschaft
-       Nahmen Teil am Leben in der Familie, im Haus, auf den Straßen und Plätzen
-       Wichtigstes Merkmal: materielle Abhängigkeit und Hilfsbedürftigkeit
-       Nach Geburt schnelle Taufe (um Seele des Neugeborenen zu retten für Fall des Kindstodes) → Überzeugung dass Säugling in Sünde geboren wird weil er aus ihr hervorgeht
→ Weitervererbung der Erbsünde

-       1. Status = infantia (lat. Kindheit):

-       Bis zu 8. LJ
-       Zusätzliche Unterteilung: Beendigung des 2. Lebensjahres.
→ Ende der Stillzeit = Ende des Säuglingsalters

-       Im Säuglingsalter durch Stillen → enge Bindung an die Mutter/Amme
-       Enge Beziehung zu Erwachsenen gestärkt durch: gemeinsames Schlafen im Bett, Kinderpflege…

-       Verbrachten meiste Zeit des Tages bei Erwachsenen
-       Kinder liefen in von Wirtschaft bestimmten Leben der Erwachsenen mit
-       → wuchsen langsam in die Welt der Erwachsenen hinein
-       Vertretbare Erziehungsmittel waren Spiel und Prügelstrafe

- 2. Status = puertia (lat. Knabenalter)
- Endete mit 14 Jahren
- Begannen am Arbeitsprozess der Erwachsenen teilzunehmen
- Prügelstrafe auch hier gängiges Erziehungsmittel (häufiger gegen Jungen als gegen Mädchen)

- 3. Lebensphase = Adoleszenz
- Ca. 14 Jahre bis Verlassen der väterlichen Munt
- Merkmal: Psychische und Physische Ausreifung (Geschlechtsreife, Beginn der Pubertät)

- Erwachsenenstatus
- Wenn der Heranwachsende weitestgehend in rechtlicher und materieller Hinsicht vom Elternhaus unabhängig existieren konnte

→ Jugend fand durch Verheiratung schnelles Ende

→ je ärmer Eltern, desto mehr mussten Kinder mitarbeiten, desto weniger Zeit hatten sie zum Spielen etc.

→ für Kinder und Jugendliche gab es damals nur wenig Raum zu Umsetzung ihrer individuellen Vorstellungen und Zielsetzungen

→ kannten keine „behütete" Kindheit/ Jugend

→ Kindheit + Jugend gezielt dazu genutzt um Zögling auf sein Leben in der ständischen Gesellschaft vorzubereiten

DURCH ERZIEHUNG UND BILDUNG

3   Erziehung und Bildung im Mittelalter

- Erziehung:
- auf christl. Glauben basierend Erziehung
- höchster Sinn einer christlichen Erziehung lag darin, Menschen zum Heil seiner Seele in Christus zu führen

- Erziehungsziele:
- 1) Gehorsam, Hören auf gesistl. und weltl. Autoritäten
- denn als Christ hatte jeder Mensch Gott und Kirche gegenüber gehorsam zu sein
- aber auch Gehorsam gegenüber der weltlichen Obrigkeit
→ für Kinder in erster Linie die Eltern
- 2) Heranwachsende Menschen auf Leben in ihren zugewiesenen Ständen vorbereiten

- <u>Erziehungsmittel- und methoden:</u>
- Prügelstrafe
- Aber: Anforderung und Strenge sollten dem jeweiligen Entwicklungsstand angemessen sein

- <u>Entwicklung des Bildungswesens in Deutschland:</u>
- ersten Schulen in Dtl. 650 n. Chr
- eng verbunden mit Klöstern für Ordensnachwuchs (Kloster oder Stiftsschulen)
- Bildung richtete sich nach Aufgaben des Ordensnachwuchses (Lesen, Schreiben, Singen, Bibel auslegen, lateinische Unterrichtssprache)
- Privileg an Bildung hatte (aufgrund der lat. Sprache) die Kath. Kirche
- mit Herausbildung der Laienstände: Differenzierung der Bildung und Erziehung
→ Erziehung unterschied sich in Hinsicht auf Geschlecht, Stand (weltlich/geistlich, adlig/Bauer,…)
- aufgrund der Ständeordnung war auch Bildungssystem differenzierter, d.h. nicht gleiche Bildung für alle

→ Erziehung in Familie und schulische Erziehung (Bildung) gingen unbestritten Hand in Hand

- <u>Bildungsdifferenzierung:</u>
- Leben der Menschen im Mittelalter durch Arbeit bestimmt, so auch die Bildung
- Jede soziale Schicht schaffte sich eignes Bildungswesen für eignen Zweck
- Ständisch geprägtes Schulwesen
- damit wird Bildungsmonopol gesichert (Vorbereitung auf Beruf, Bildungswesen differenziert sozial, kulturelle Werte, Normen, Einstellungen werden weitergegeben)
→ Bildungsdifferenzierung, denn jeder Stand, jedes Geschlecht etc. erhielt andere Bildung

- <u>Bildungseinrichtungen:</u>

- Der Klerus als Bildungsträger:
- **Klosterschulen** seit 8. Jhd.
- Kern des kirchlichen Bildungswesens
- Bestimmung:
→ Unterrichtung des Ordensnachwuchses
= innere klostereigene Ausbildung (scola interior)
- → Unterricht für Laien oder Nichtgeistliche
= äußere Klosterschule (scola exterior)

- Klosterschule verlor tragende Bedeutung für Laienausbildung im Laufe der Ausbreitung des Städtewesens
→ Bedeutungsverlust (auch wegen ungünstiger ländlicher Lage)

- Entwicklung des höheren Schulwesens:

→11. Jhd. **Domschulen** (oder auch Lateinschulen)
Kern des Unterrichts war Erlernen der Lateinischen Sprache,
Schwerpunkt Grammatik,
auch Rhetorik, Dialektik, auch Arithmetik, Geometrie, Musik und Astronomie
-        → an „äußeren Domschulen" erhielten arme Jungen Ausbildung zum künftigen Landgeistlichen

-        **Pfarrschulen** : <u>Ausbildung</u> von Chorknaben, Küstern + Elementarunterricht

- Städte als Bildungsträger:
-        Stadt als Bildungsort:
systematische Städtelegung und Aufblühen der Städte im 13. Jhd.
→Entstehung stadteigenes Schulwesen
(Verlangen der Bürgerschaft nach gebildeten Fachkräften für Handel, Handwerk, Rechtswesen und Verwaltung)
-        zunächst übernahm Rat der Stadt anstelle der Kirche die Funktion des Schulträgers
         (Rat stellte Lehrer ein, hatte Schulaufsicht und erließ eigene Schulordnung)

-        Unterscheidung zw. Höherem und niederem städtischen Schulwesen

-        <u>→ höheres Städtisches Schulwesen</u>
-        Schulkämpfe um höheres Schulwesen, bezüglich der Schulträgerschaft der neu eingerichteten Stadtschulen,
zwischen Kirche und weltlicher Obrigkeit (aus politischen und wirtschaftlichen Beweggründen, weniger religiösen)

-        am Ende des Mittelalters bestanden **Latein- bzw. Trivialschulen** in kirchlicher und städtischer Trägerschaft nebeneinander
→ aber Unterricht unterschied sich inhaltlich und methodisch kaum voneinander
→ lediglich (je nach Träger) Präferenzen im eher im weltlichen oder kirchlichen gesetzt

-        niedere Lateinschulen von Städten eingerichtet = **Lateinische Stadtschulen**
-        vorzugsweise praktische Bildung (v.a. auf Beruf des Kaufmanns)
-        ab 15. Jh. Vorzugsweise auch Deutsch als Unterrichtssprache
-        Bildungsangebot war elementarer
(an profanen Bedürfnissen des Bürgertums ausgerichtet)
im Gegensatz zu Kloster-, Dom- und Stiftsschulen
-        Lehrer waren Absolventen der allgemein bildenden Artistenfakultät

-        <u>→ niederes städtisches Schulwesen</u>
-        **Deutsche Schreib- und Leseschulen** ab 14. Jahrhundert
-        Kurse im Lesen, Schreiben und Rechnen
-        sollten speziell den Anforderungen von Handel und Gewerbe genügen
-        ursprünglich private Gründung, im Nachhinein aber behördliche Genehmigung
-        Schulaufsicht und Lehreranstellung oblagen dem Rat der Stadt

- wenn keine behördliche Genehmigung: „**Winkel- oder Klippschulen**"

- **Städtische oder kirchliche Pfarrschule**
- Bildungsangebot war inhaltlich beschränkt, vermitteln christliche Grundlehren, berieten auf Beichte und Kommunion vor
- Ausbildung von Messdienern und Kirchensängern
- Lehrer waren oft Studenten

- → Jüdische Schulen, Privatunterricht

- Rittertum als Träger der höfischen Bildung
- Blüte der Ritterlich-höfischen Kultur im Hochmittelalter
- Bildungs- und Erziehungsideal: Körperliche Tüchtigkeit und ritterliche Zucht
- körperlich-musisch-ästhetische und gesellschaftliche Ausbildung
- Lernziel am Ende der Ausbildung: feierlicher Ritterschlag

- Universitäten:
- höchste Bildungseinrichtung
- mit 15 Jahren konnte Studium aufgenommen werden
- vorherrschende Methode war Scholastik
- neue reformierte Universität: Unterricht war durch nebeneinander von Vorlesung und Disputation geprägt, Disputation diente der Lernerfolgskontrolle

Standesgemäße Erziehungen anhand von Beispielen:

1) Elisabeth, 6 Jahre, Entstammt dem verarmten Landadel:
- wird von Eltern ins Kloster geschickt
- manche Eltern schicken Kinder aber auch schon mit 5 Jahren ins Kloster
- Mitschüler entstammen aber auch dem 3. Stand (Bürgerliche)
    - Eltern haben verschiedene Motive:

1. ökonomische Gründe:
aus Gründen der materiellen Versorgung,
Söhne die nicht zum
Waffendienst taugten erhielten geistliche Ausbildung,
Töchter um Auskommen zu sichern und weil Mitgift an Konvent niedriger war für Verheiratung

2. geistliche Beweggründe

- mit <u>7 Jahren</u> beginnt für sie der Elementarunterricht (für Jungen und Mädchen gleichermaßen)
in
Sing- und Leseschulen
(Unterrichtsinhalt: Gebete aufsagen, Kirchenlieder und Glaubenssätze in lateinischer

Sprache, ab 13. Jhd. In Volkssprache)

- dann wartet Ehe auf sie, denn Bildung der Frau sollte nur auf Familie und Hauswirtschaft
  ausgerichtet sein
- Frauen hatten kaum Möglichkeiten für akademische Ausbildung, meist nur Möglichkeit
  Lehrerinnen zu werden (→ Erwerb der Kenntnisse in Klosterschulen)
- Für Männer ganze Breite der Ausbildungsmöglichkeiten und somit Berufsmöglichkeiten
  offen (Medizin, Jura, Lehrer, Kaufmänner…)

- 12- 15/17 Jahre; männlichen Mitschüler gehen auf
  → *Lateinschule:* (fließend Latein schreiben und sprechen, Lernstoff: Grammatik Dialektik,
  Rhetorik, manchmal auch Naturwissenschaften)
- 12 Jahren; weibliche Mitschülerinnen verbleiben im Kloster und werden Nonne

-        Klösterliche Erziehung brachte nicht immer gewünschte Ergebnisse → hing von der
intrinsischen Motivation der Kinder ab
-        denn Alltag im Kloster war sehr hart
         Besonders der Außerschulische Lernprozess
(Kinder wurden mit Tugend von Armut, Disziplin und Enthaltsamkeit stark konfrontiert,
morgens um 2 aufstehen zum Gebet, (insges. 5 Stundengebete)
keine Freizeit,
waren sich nie selbst überlassen,
Gartenarbeit, Bibellektüre…)

2)   *Fridolin, 8 Jahre, Kind von wohlhabenden adligen Eltern*
- wuchs bis zum 7 LJ. gemeinsam mit Geschwistern in der Familie bei einer Amme
  auf
         - hat nun Ausbildung zum Ritter begonnen
                1) Page -> Reiten lernen
                2) mit 12 Jahren: Waffendienstausbildung -> Fechten, Ringen, Bogenschießen,
3) Ausbildung in Ritterlichen Tugenden
°Zucht, kriegerische Tüchtigkeit, Treue zum Lehensherren + christlichen Werten
°musisch-ästhetische Ausbildung (Schach, Tanzen, ein Instrument, ° °höfisches -
respektvolles Benehmen

-        akademische Ausbildung war selten, außer Verwaltungsadel, hier war fundierte
juristische Ausbildung notwendig

3)   *Seine Schwester Frieda, 9 Jahre, gleichen Eltern:*
-        meisten ihrer Freundinnen erhielten oft schulische Ausbildung, aber nur bis zum
Elementarunterricht,
-        kostengünstigere Erziehung → nur auf Rolle der Ehefrau und Mutter ausgebildet
-        christliche Tugenden: Frömmigkeit, Ergebenheit, Gehorsam und Keuschheit
-        lebten oft bis zur Vermählung im Kloster

- aber SIE: Erziehung bei anderen angesehenen Adeligen
- lernte Gesellschaftstänze, Musikinstrument, Falken züchten + abrichten, Schach...
- Hobbys: lange Spaziergänge, Briefe schreiben
- Lernzeit + Kinderzeit endete abrupt mit Eheschließung (frühestens mit 11 Jahren, durchschnittlich mit 17 Jahren)

4)   *Konrad, 15 Jahre, Sohn eine reichen Kaufmannsfamilie aus einer großen Stadt*

- größter Teil der Stadtkinder: Grund- und Singschulen (öffentliche Schule)
- auch Kaufmanns- und Handwerkerkinder,
°Unterrichtsalltag war vom Stoff und der Autorität des Lehrers bestimmt
°Zucht und Gehorsam bestimmten Lernklima
- aber Konrad erhielt seine intellektuelle Bildung durch
Privatunterricht
- Dauer der Ausbildung hing vom Einkommen der Eltern ab
- nach Elementarbildung
→ Ausbildung an sog. Handelsschulen (kaufmännisches Rechnen, Buchführung, Geschäftskorrespondenz, Fremdsprachen, Geographie)
→ mit 12-16 Jahre gingen Kinder in Lehre, gingen außer Haus und standen unter Verantwortung des Lehrherren
Freizeit: Karten- Würfelspielen, Reiten, Ringkämpfe.
- einige Freunde von Konrad strebten nach Elementarbildung Ausbildung zum Arzt oder Juristen an
→ Lateinschule (gründliche Vorbereitung auf Studium)

5)   *Hans-Georg, 9 Jahre, Sohn eines einfachen Handwerkers aus einer großen Stadt*
- Schulische Ausbildung nur 1 – 2 Jahre
- er und seine Geschwister sahen Erwachsenen schon von frühester Kindheit bei Arbeit zu (Murmelherstellung)
→ erhielten früh Vorstellung von künftiger Arbeit
- begann Ausbildung schon mit 10 Jahren (war so üblich)
- Lehrzeit bei nur einem einzigen Meister (war für Ausbildung, Erziehung...verantwortlich)
- Schwestern (allgemein Mädchen) arbeiteten zwar von klein auf mit, erhielten aber selten Ausbildung
- will später den Murmelbetrieb seines Vaters übernehmen

6)   *Ilona, 5 ½ Jahre, Eltern aus unterster Städtischen Bevölkerungsschicht*
- muss schon jetzt durch Austragen von Flugblättern und Dienstwegen für Familienunterhalt mitsorgen
- wird aufgrund fehlender finanzieller Mittel keine Ausbildung beginnen können (auch ihre Brüder nicht)

7)   *Sepp, 7 Jahre, Eltern sind Bauern*

- Gab in der Regel keine schulische Ausbildung der Kinder der gemeinen Landbevölkerung
- Sepp hatte Glück vom Dorfpfarrer unterrichtet zu werden, einige seiner Freunde gehen auch in das nahe gelegnen Kloster
- Mithilfe von Geschichten, Liedern und praktisches Vorbild der Eltern wurde ihnen standesgemäßes Verhalten beigebracht
- Kaum Zeit zum Spielen
- Mussten früh in Haus-, Land- und Viehwirtschaft mithelfen
- Kinder erledigten anfallende Arbeiten durch zuschauen und mittun
- Mit 7 Jahren konnte Arbeit beginnen (aufgrund der physischen reife)
- Zunächst Botengänge, Hüten von Kleinvieh, später Großvieh, schließlich Feldarbeit
- Jungen und Mädchen wurde i.d.R. gleiche Arbeit aufgetragen
- Schwerpunkt der Mädchenarbeit: Haushalt
- Schwerpunkt Jungenarbeit: Hofarbeit
- Zwischen 7 und 14 Jahren unterschied sich Erziehung von Jungen und Mädchen kaum
- Mit durchschnittlich 14 Jahren: Verlassen der Väterlichen Munt durch Eheschließung

Unser nächstes Beispiel ist Martin Luther!

4 Martin Luther als Pädagoge

4.1 Biographischer Überblick

10.11.1483
- Wird als erster Sohn eines Bergmannes in Eisleben geboren
- Familie war Repräsentant der Bürgerschaft
- Vater Hans wollte immer dass Luther Jurist wird und ihn so in seinem Betrieb unterstützen kann
- hat darin viel „Geld und sauren Schweiß" investiert

1491 - Besuch der Stadtschule in Mansfeld

1497 - Domschule in Magdeburg
1498 - Pfarrschule in Eisenach

im Rückblick auf seine Kindheit und Jugend hat Luther ein oder andere mal kritische/negative Erinnerung, aber wichtigsten Bildungsvoraussetzungen für Studium an der artistischen Fakultät gewesen

1501 - Studium an der Erfurter Universität (Freie Künste / Jura)
- (immer im Bewusstsein seiner kleinbürgerlichen Herkunft)

1502 - Baakkalaureatsprüfung

1505 -   Magistergrad
-        Beginn mit Jurastudium → gerät in Gewitter und schwört Mönch zu werden
-        Beitritt zu den Augustiner-Eremiten in Erfurt

1507 -   Theologiestudium
-        „junger Mann von intellektueller Begabung und starkem Schaffensdrang)

1512   -   Doktor der Theologie (Professor an der Universität Wittenberg)
-        leitete dort akademische Veränderungen ein,
-        u.a. Abschaffung der Scholastik
-        (Scholastik widmete sich Luthers -Meinung zu stark der Sekundärliteratur, anstatt der
Bibel als Urquelle)
→ rein logische Bildung der Scholastik wurde zugunsten der Philosophie verdrängt

31.10.1517   -   Thesenanschlag an der Schlosskirche Wittenberg

1518 – 1520   -   Prozess in Augsburg, Leipziger Disputation, Bannandrohungsbulle von
Papst Leo X, Verbrennung der Bulle / scholastische Schriften

1520   -   3 reformatorische Hauptschriften:
                       „An den christlichen Adel deutscher Nation"
                       „Von der babylonischen Gefangenschaft der Kirche"
                       „Von der Freiheit eines Christenmenschen"

1521   -   Kirchenbann

1521   -   Wormser Reichstag → Reichsacht
                       Übersetzung der Bibel auf der Wartburg

1525   -   Heirat mit Katharina von Bora

18.02.1546   -   Luther stirbt in Eisleben und wird in der Schlosskirche von Wittenberg
Beigesetzt

-        Luthers Glaube hatte Ausstrahlungskraft, die in allen Lebensbereichen zu spüren war

-        Luther war ein universaler Denker seiner Zeit
-        nahm durch Dozieren und Bücherschreiben Stellung zu den verschiedenen Problemen
seiner Zeit,
ABER immer im Bezug auf die heilige Schrift

-        sah sich selbst als Theologe
→ seine eigentliche Arbeit besteht in der Auslegung der heiligen Schrift

-        sein Problem: Wie bekomme ich einen gnädigen Gott?

-       Erkenntnis: Der Gerechte wird aus Glauben leben + Nur Gottes Wort ist wahr und gut
(Gott schenkt uns Gnade, aber nur wenn wir Sünden aufrichtig bereuen)

-       Widerspruch zur kirchlichen Lehre seiner Zeit
-       Beabsichtigte nicht die Spaltung der Kirche
(verstand Thesenanschlag als Aufforderung zur wissenschaftlichen Disputation)

-       Ehe erfährt neue Hochschätzung als gottgewollter Stand
-       diese Entwicklung zog Auseinandersetzung mit Theorie und Praxis der Erziehung im
Sinne der neuen Ordnung (reformatorischen) nach sich
-       Ehe, Familie und häusliche Erziehung werden bei Luther Basis für Funktionieren einer
Gesellschaft
→ er selbst lebte diese neuen Prinzipien vor

4.2 Seine Kindheit und seine Familie

-       sein Haus & Familie muss als Ursprung und Vorbild für Erziehung in reformatorischer
Verantwortung verstanden werden
-
-       als „Familie" fasst Luther Kinder, im Hause lebende Verwandten, Freunde , Studenten
und Gesinde mit ein

-       <u>Kleine Familienchronik:</u>
-       Heirat mit Katharina von Bora 13.06.1525
o   Sie war Nonne in Kloster Nimbschen (zw. Leipzig und Grimma)
o   Luther organisierte Flucht von 9 Nonnen aus Kloster zu Ostern 1523
o   Luther wollte eigentlich, in Erwartung seines baldigen Todes, nicht heiraten
o   Keine Liebesheirat -> Katharina war als einzige von den 9 Nonnen noch übrig
o   Aber Liebe entwickelt sich :
■   „Ich habe meine Käthe lieb, ich habe sie lieber als mich selber, das ist gewisslich wahr
(..) ich wollte lieber sterben, als dass sie mit den Kindern stürbe"
o   Hatten 6 Kinder
o   Hausherrschaft unterstand allein Katharina
o   Klagte, er muss mit seiner Frau Geduld haben, und wenn er „noch mal freien wollte,
sich ein gehorsames Weib aus Stein hauen würde"
o   Katharina räumte seine Wohnung und sein Leben auf, wurde von Martin auch gern
„Herr Käthe" gerufen
o   Selber unterstützte er seine Frau wo er nur konnte, allerdings war seine Hilfe selten
angebracht
o   Aber auch Katharina versuchte ihrem Mann eine gute Frau zu sein
■   (→ Morgenstern von Wittenberg)
o   Sie konnte gut mit Luthers aufbrausende n Temperament umgehen
■   (→ „Lieber hätt ich einen toten Sohn als einen ungehorsamen")

o   Beide gingen im Alltag getrennt ihren Aufgaben nach

o   → Traditionsgemäßes Verständnis der Ehe als Lebens- und Arbeitsgemeinschaft +
tiefe Liebe

getragen von gegenseitiger Hochachtung, Wertschätzung und Treue im täglichen
Zusammensein

<u>Anhand diesen Vorbildes:</u>

-        Ehe ist Gebot Gottes, dass jeder zu erfüllen hat
-        Letztendlich erhält jeder seinen Gemahl allein von Gott
-        Familie hat Ausgangspunkt in Ehe
-        Ehe ist zum Kinderzeugen da
-        Luther weist Männer dazu an, die Kinder zu Wiegen, Windeln zu wechseln, Betten zu
machen, seine Frau zu pflegen, ihr auch sonst zur Hand zu gehen
-        → Er tats gerne, weil er wusste, dass es ihr gefällt
-        keine Minderbewertung der Frau mehr,
aber Frauen sollen nicht über Ehemann herrschen

4.3 Bildungs- und Erziehungsverständnis

-        Luthers Äußerungen zu Pädagogischen Handeln weit verstreut da er in erster Linie
Theologe war
-        Seine Ideen und pädagogischen Ansichten leiten sich aus damals üblichen
Vorstellungen vom
Zusammenleben von Mann und Frau,
sowie Leben und der Erziehung in der Familie und Schule
her

Luthers Vorgehensweise bei Behandlung von Problemen:
o   Welchen Weg weist Heilige Schrift zur Beantwortung der Problemfragen?
o   Wie kann Betroffenen geholfen werden?
o   Welche Lösung ist menschlich akzeptabel?

→ Luther orientiert sich in seinem pädagogischen Denken stets an der Heiligen Schrift
→ vertritt Standpunkt einer christlich motivierten Erziehung

<u>- Allgemeine Auffassung:</u>
- Aufgabe der Erziehung in erster Linie = zu Gottes Dienst
- Aufgabe der Erziehung in zweiter Linie = Ausbildung in Beruf und Stand (Bildung)

Erziehung:

-        Erziehung ist im Sinne Luthers als erstes als weltliches Tun zu verstehen

- Und doch ist Erziehung ein Geschehen, das von Gott getragen wird
- → Gelingen hängt von Gottes Segen ab
- Erziehung fängt somit für Luther nicht bei Gott an,
sondern führt nur durch ihn zum Erfolg
- Erzieher = nicht Mitschöpfer, sondern Mitarbeiter Gottes

- Mensch als instinktungesichertes Wesen ist auf Hilfe von festen Institutionen (in diesem Fall die Familie) angewiesen
- „Familie ist für Kinder von frühster Kindheit bis zur Ablösung des Jugendlichen vom Elternhaus erste Sozialisationsinstanz (auch heute noch)"
- Wichtigste Aufgabe der Eltern:
Erziehung der Kinder
→ Prozess der Entwicklung und Erziehung findet in Familie statt
→ Erziehung in Kernfamilie ist Basis für Funktionieren einer Gesellschaft

- → Mensch kann nicht erziehen, ohne dabei Fehler zu machen
- Auch wenn Erziehungsideale im Alltag nicht erreicht werden,
behalten sie trotzdem ihre Bedeutung
- Pädagogische Sünden werden vergeben, solange sie aufrichtig bereut werden,
aber man soll Gnade Gottes nicht missbrauchen
- Menschliches Handeln (auch Erziehung) sollte stets am Evangelium (am Ideal) ausgerichtet werden und nicht an menschlichen Gesetzen oder Vernunft

→ Das ist für Luther der Grundsatz der Erziehung: Erziehung zu „Gottes Dienst"

- <u>Von Gott erteilter Erziehungsauftrag lautet:</u>
- „Eltern sollen ihren Kindern Apostel, Bischöfe und Pfarrer sein, indem sie ihnen das Evangelium beibringen"
- „Das sollen Eltern wissen, dass sie Gott, der Christenheit, aller Welt, sich selbst, und ihren Kinder kein besseres Werk und Nutzen schaffen können, als wenn sie ihre Kinder gut erziehen
- Erziehungsauftrag nicht oder nicht genügend wahrzunehmen, betrachtet Luther als schwere Sünde der Eltern

<u>Gehorsamsgrundsatz der Kinder:</u>
- Gehorsam des Menschen gegen Gott ist Grund für
Gehorsam gegenüber der weltlichen Herrschaft
- Aber es wird von Untertanen erwartet, dass sie kritisch gegenüber ihren Herrschern sind
- Untertanen sind dann zum Wiederstand aufgerufen, wenn weltliche Macht gegen göttliche Gebote verstößt (Bsp. Ablasshandel, Heirat)
→ Für Kinder heißt das: Sie sollen ihren Eltern (weltl. Macht, von Gott gewollt) gegenüber Gehorsam sein, auch wenn Eltern böse zu ihnen sind (z.B. Ehepartnerfestlegung)
- Sollten die Eltern aber gegen die Weltliche Ordnung erziehen, haben Kinder das Recht die Befehle und die Erziehung zu verweigern

→ Für Eltern heißt das: Sie sollen ihre Kinder immer in Gottes Dienst erziehen und immer nur das Beste für sie wollen

-     <u>Weitere Grundsätze für Verhältnis der Eltern zu ihren Kindern:</u>
-     1) „Christus, da er Menschen erziehen wollte, musste er Mensch werden. Sollen wir Kinder erziehen, so müssen wir auch Kinder mit ihnen werden"
→ Appell an alle Pädagogen: Individualität und Eigenarten der Zöglinge akzeptieren und im Erziehungsalltag berücksichtigen
→Forderung nach einem kindgemäßen Kommunikativen Umgang in der Erziehung
→ „das Beste ist nicht lange Vorträge zu halten und einfach und kindlich zu sprechen"
→ nicht über Köpfe der Kinder und Jugendlichen Hinwegreden
→ Erzieherisches / sprachliches Handeln der Erwachsenen muss für Kinder verständlich sein
→ religiöse Unterweisung verlangt sogar sprachliche Vereinfachung
-     2) „...,Dass der Apfel bei der Rute sei"
→ Luther zweifelt nicht daran, dass Kinder erzogen werden MÜSSEN, denn sie sind weich und unerfahren und leicht auf Dauer verschmutzt
→ Nachlässigkeit in Kindererziehung und übertriebene Elternliebe, wirken sich auf späteres Leben des Kindes nachteilig aus
→ Eltern sollen dem Kindlichen Ungehorsam rigoros und wenn nötig mit Härte begegnen
→ Prügelstrafe ist gebräuchliches Erziehungsmittel
→ aber Luther will nicht darauf hinaus, den kindlichen Eigenwillen bedingungslos zu brechen, kommt ihn vor allem auf Erzieherischen Wert einer Strafe an (Beispiel Nuss)
→ Luther warnt ausdrücklich davor, die Kinder zu hart zu schlagen, denn:
→ Strafen können nur wirksam sein, wenn sie schmerzhaft sind, oder vom Opfer als angemessen erlebt werden
→ Härte einer Strafe muss also der Schwere des Vergehens angemessen sein
→ Es gilt somit der Grundsatz der Verhältnismäßigkeit
→ Strafe darf niemals dazu führen dass Kinder ihren Eltern wegen einer zu harten Strafe wegen zürnen
→ Luther hat somit den kommunikativen Aspekt der Strafe erkannt
→ Kunst der Erziehung besteht für Eltern darin, Kinder so zu erziehen, dass sie ihre Fehler einsehen und künftig vermeiden wollen, ohne sich gegen sie aufzubringen
→ „Lieber zuviel Gnade als zuviel Gesetz"

-     <u>Diese Grundsätze sollen, entsprechend des jeweiligen Alters des Kindes, unterschiedlich realisiert werden</u> →
-     <u>Gliedert menschliches Leben in Altersstufen</u>
-     1) Infantia
-     misst dieser Altersstufe besondere Eigenschaften bei, die im Laufe eines Lebens verloren gehen
-     → Kindern fehlt in dieser Periode die Vernunft, findet Luther aber gut, denn an Glauben fehlt es ihnen nicht (Glaube nicht erlernbar, sondern eine von Gott gegebene Fähigkeit)
-     → Kinder glauben an Gott ohne dafür eine gesicherte Erklärung zu verlangen
-     → fehlende Vernunft begünstigt Vertrauen auf Gottes Wort,

- Gott nimmt sich der kindlichen Seele persönlich und ohne menschliches Zutun an, Kinder können also nicht zum Glauben erzogen werden
- Erbsünde ist „verborgen und gleichsam schlafend", zwar von Natur aus vorhanden aber kein Einfluß aufs kindliche Sein
- = Luther hat von früher Kindheit ein durchweg positives Bild
- „Dazu müssten wir Pädagogen wieder Kinder werden können. Doch leider haben Erwachsene die Kunst der Kinder verloren"

- Ab 5/7 Jahren:
- verschiedene Unarten beginnen aufzublühen,
- Erziehungskonflikte treten offen zutage,
- mit der Jugend erwacht Erbsünde voll,
- Luther bezeichnet junge pubertierende Menschen als aufsässig, voll Schwelgerei, Neckerei und Ausschweifungen, außerdem unbesonnen, unerfahren, und denken nur dummes Zeug,
- können weder durch Gesetz noch Religion in Schranken gehalten werden
- aufkeimende sexuelle Begierde
- → Luther hat kaum Verständnis für entwicklungspsychologischen Eigenarten der Jugend,
- Jugend kann somit ihren rechten Weg in ihre gesellschaftliche Rolle nicht ohne Hilfe von außen finden (eines Erziehers),
- Luther befürwortet aber Lebensfreude der Jugend (sofern sie in guter Gesellschaft und im rechten Maß zum Ausdruck gebracht wird),
„Wie der Most braucht die Jugend den Gärungsprozess, um zu ihrer besten Form zu gelangen. Wie der Winzer beim Keltern trägt der Erzieher das Seine zum Gelingen dieses Gärungsprozesses, sprich zur Erziehung, bei."

- → Luther fordert, den Kindern ein Platz zum spielen und der Jugend ein Platz zum Tanz zu geben
- → Erziehung muss auf ersten Entwicklungsstufe anfangen (weil Kind noch weich und ohne Vernunft ist),
mit Einschränkungen auch im Jugendalter

- Häusliche Erziehung muss in Kirchen und Schulen ergänzt werden, um allgemein von Nutzen sein zu können
- → „denn wir wollen feine geschickte Leute haben (…) so müssen wir wahrlich kein Fleiß, Mühe noch Kosten an unseren Kindern sparen zu lehren und erziehen, dass sie Gott und der Welt dienen mögen"

Bildung:

- Schulpädagogisches Hauptinteresse der Reformation lag auf Gebiet der Gelehrtenbildung,

- der Einsatz der breit angelegten Laienbildung hatte eine allgemein Volksbildende Funktion
- Auf Land auch nach der Reformation kein elementarer Schreib- und Rechenunterricht
- Reformatorisches Anliegen war, die religiöse Bildung des Volkes zu verbessern
(in Küster, bzw. Messnerschulen unterrichteten Pfarrer oder Küster die Landbevölkerung im Bibellesen, Katechismus und Kirchgesang)
- Schulpädagogische Leistung der Reformation liegt in der Einführung des Religionsunterrichts als gesondertes Fach
- → Wie das?

- Rechte Verhältnis zu Gott ist die Maxime des Lutherischen Denken und Handelns
- Gesamte Schulwesen steht nach Luther vom Grund auf im Dienste der Glaubensvermittlung
- Kann bewirkt werden durch:

<u>Katechismus</u>
- = gibt Hauptstücke des christlichen Glaubens wieder
- ein Lehrbuch in Wechsel von Frage-Antwort

- Kenntnis des Katechismus machte für Luther Wesen eines Christen aus
- Im Verstehen des Glaubensbekenntnisses sollte erkannt werden, wie der Mensch sein konkretes Leben Gott als Schöpfer verdankt und durch die Christusoffenbarung Erlösung von seinen Sünden erfährt
- Durch Erläuterungen der Vaterunsers sollte Vertrauen auf Gott zu einer Frömmigkeit des echt christlichen Gebets verhelfen
- Neben Pfarrer sind Hausväter für Unterweisung der Kinder im Katechismus verantwortlich
→ für Verbreitung der christlichen Lehre
- Vermittlung im Dreischritt:
o Ein bestimmten Text auswählen und daran festhalten, den Kindern ständig vorlese/vorsagen
o bis sie (Zehn Gebote, Glaubensbekenntnis, Vaterunser) selber auswendig können
o Dann das auswendig gelernte verständlich machen → Kinder sollen wissen was sie sagen

- Luther wollte das sein Katechismusbuch im Unterricht als Grundlage benutzt wird
- Wenn der kurze Katechismus gelehrt und verstanden ist, dann beim großen Katechismus weitermachen (Vertiefung)
- „Den Unterricht so zu treiben, dass jeder Lernende angesprochen wird" (!!!)
→ Grundzug der heutigen Unterrichtspädagogik

- ABER das entworfene System ist eng an Motivation des jeweiligen geknüpft (weniger an die Begabung der Zielgruppe)
→ deshalb sollen Lehrer (Hausväter + Geistliche) den Katechismus mit Eifer und Ernst betreiben, oder den Lernstoff in bestimmten Fällen auf nötigste reduzieren

- Ziel des Katechismus: Christliche Bewusstsein des Zögling soll zur vollen Reife gebracht werden
- Das Wichtige ist das verstehen denn durch lernen allein bringt es nichts (Katechismus verliert an Mündigkeit und Bedeutung)
- → Lernen durch verstehen
-
- Luther hat mit Katechismus keine eigenständige Pädagogik geschaffen, sondern ein theologisches Erziehungsdenken gegründet
- Katechismus als theologisch-pädagogische Orientierung

- Aus Sorge um den Zerfall des Bildungswesens und der Idee, einen tragenden Pfeiler für christliche Lehre zu schaffen ,setzte sich Luther und sein Freund Melanchton für rasche Neuordnung des Schulwesens ein
- Luthers Loslösung von Scholastik und seine Hinwendung zum frühhumanistischen Bildungsdenken ist als Anpassung an die NEUEN Bedingungen des Lebens zu begreifen

→ Ziel der Schulreform:
Bildung vom mittelalterlichen Geist befreien und mit neuen Lehren zu verschmelzen

5   Aktueller Bezug

- <u>Zusammenfassung:</u>

- 1) Beschreibung der menschlichen Entwicklung orientiert sich (sowohl heute wie damals) an entwicklungspsychologisch begründeten Phaseneinteilung des menschlichen Lebens,
Luther leitete aus Hilfsbedürftigkeit die Erziehungsbedürftigkeit des heranwachsenden Menschen her
- → auch heute noch kann Erziehungsbedürfnis eines Menschen partiell aus Entwicklungspsychologie hergeleitet werden

- 2) Erziehungs- und Sozialisationsauftrag wird Familien zugewiesen,
- verbunden mit Forderung dass Erziehung im Klima der Liebe und Zuneigung stattfinden soll
- Notwendigkeit einer bewussten Werteerziehung (damaliger Wert: Erziehung zu Gottes Dienst),
- Notwendigkeit eines wissenschaftlichen Lehrens und Lernens , Erziehung zum mündigen Bürger

- <u>Luthers Bildungs- und Erziehungsdenken Heute:</u>
- → Überhöhung des Kindlichen Glaubens darf heute bezweifelt werden

- → von Prügelstrafe ist abzuraten
- → Luthers vorwissenschaftliche Theorie über Entwicklung ist von dynamischen Sicht der Entwicklungsphasen weit entfernt
- → Vielzahl der päd. Ansichten Luthers lassen sich nicht ins 21. Jhd. Transformieren
- → Offenheit für Fremdes fehlte im päd. Denken Luthers vollkommen

Aber:

→ Auch heute noch sind die zentralen Grundwerte der Ehe: Treue und Liebe Ausgangspunkt und unabdingbare Voraussetzung, die Aufgaben und Schwierigkeiten gemeinsam meistern zu können
→ Kindererziehung sollte auch heute noch weite Teile des Ehealltages in Anspruch nehmen
→ Eltern sollten heute auch (als erste Erziehungsinstanz) Verantwortung tragen, sinn- und Halt gebende Werte zu vermitteln, die junge Menschen aus sich heraus nicht gewinnen können
→ Klima der Liebe (sog. Pädagogische Bezug) bildet Grundlage einer ganzheitlichen Werteerziehung

<u>Momentane Situation:</u>

→ Zunahme des Wohlstands hat Konzentration des einzelnen auf private Interessen gelenkt und den Sinn für gemeinsame Ideale und Gemeinschaftsaufgaben verblassen lassen
→ Entwicklung von Gewaltbereitschaft und Anwendung
zunehmende Entsolidarisierungstendenz innerhalb unserer Gesellschaft
fehlen allgemeingültiger pädagogischer und moralischer Einstellungen, Maßstäbe und Regeln,
Durcheinander von weltanschaulichen, moralischen und politischen Meinungen
→ Wir leben in einer Zeit großer Unsicherheit der geistigen Orientierung
→ trotzdem müssen Kinder lernen ihr Leben unter den vorgefundenen Umständen gut zu bestehen
→ Nach wie vor haben aber auch Werte wie „Frieden" „Freiheit" „Familie" und „Freundschaft" eine zentrale Orientierungsstiftende Bedeutung im Leben junger Menschen in Deutschland

<u>Fragen:</u>

- *Was versteht man heute unter „Erziehung" zu Gottes Dienst?*
- →Antwort: Erziehung zu Gottes Dienst heißt heute soviel wie: zu seiner geistig-kulturellen Bestimmung gebracht werden
- → Mensch muss die Kultur, in der er später als Erwachsener wirken will, zunächst lernen
- → Lernprozess bedarf Hilfe von außen
- → Verantwortung für hineinwachsen in Kultur einer Gesellschaft tragen zunächst die Eltern

-	→ leisten erste entscheidende Hilfe für Sozialisation ihrer Kinder
-	Im Bezug auf Scheidungsraten → *Hat Familie heute noch dieselbe Bedeutung wie damals?*
-	Hauptfrage: *In was für einer Gesellschaft leben wir und wie können wir M. Luthers Erziehungs- und Bildungsverständnis für eine eventuelle Verbesserung der Situation nutzen?*
-	*War die Kindheit und Jugend damals tatsächlich unbehütet? (Im Vergleich zu heute)*
→ hier würde mich eure Meinung einfach aus persönlichen Interesse interessieren

6   Literaturverzeichnis

- Carstens, L. O. (1999). Luther als Pädagoge: Studien zur Relevanzpädagogischer Grundgedanken Martin Luthers in einer wertunsicheren Welt. Aachen : Shaker.

- Hamann, B. (1993). Geschichte des Schulwesens : Werden und Wandel der Schule im ideen- und sozialgeschichtlichen Zusammenhang. 2. überarb. und erw. Aufl. Erschienen: Bad Heilbrunn : Klinkhardt.

- Hofmann, F. (Hg.). (1983). Pädagogik und Reformation. Von Luther bis Paracelsus; Zeitgenössische Schriften und Dokumente / Eingeleitet, ausgewählt und erläutert von Franz Hofmann. S. 19 – 30; S. 61 – 119. Berlin : Volk und Wissen.

- Retter, H. (1996). Glaube und Anfechtung in ihrer Bedeutung für Luthers Erziehungsverhältnis. In: Golz/Mayrhofer, S. 34 – 57. Münster : Lit,.

- Zwahr, Dr. Annette (2001). Meyers Großes Taschenlexikon in 25 Bänden. 8. Auflage. Mannheim : Brockhaus AG.

- http://de.wikipedia.org/wiki/Luther

- http://de.wikipedia.org/wiki/Mittelalter

Bildungs- und Erziehungsverständnis Martin Luthers

Im allgemeinen und im Hinblick auf die Familie, im Zeitalter von Bildungsdifferenzierung und religiös–scholastischer Macht

---

Gliederung

- 1 Historischer Überblick
- 2 Sozialgeschichtlicher Hintergrund
  - 2.1 Das Menschenbild des Mittelalters
  - 2.2 Leben und Arbeit im Mittelalter
  - 2.2 Die Familie im Mittelalter
- 3 Erziehung und Bildung im Mittelalter
- 4 Martin Luther als Pädagoge
  - 4.1 Biografische Übersicht
  - 4.2 Seine Kindheit und seine Familie
  - 4.2 Bildungs- und Erziehungsverständnis
- 5 Aktueller Bezug

1. Historischer Überblick

Spätmittelalter (13. Jh. – Ende 15/ Anfang 16. Jhd.)

- Allmähliche Ablösung des Mittelalters durch Renaissance &
  Humanismus im 15. und 16.Jhd.
- Anstoß gab Reformation Ende des 16. Jhd.

Charakteristisch:

- Ständegesellschaft
- Große Macht der Kirche
- Aufbruchstimmung

2 Sozialgeschichtlicher Hintergrund

- Menschenbild:

  – Mensch stark von Kirche und Glauben beeinflusst
  – Unterwürfigkeit
  – Hinnahme der Gesellschaftssituation als von Gott
    gewollte Ordnung
  – Einzelne ist sich seiner Individualität noch nicht
    bewusst
  – Aber auch Streben nach neuem Wissen, neuen
    Erfindungen, Entdeckungen...

2 Sozialgeschichtlicher Hintergrund

- Leben und arbeiten im Mittelalter:
  - Christliche Religion bildete Basis des Gesamtlebens
  - Ständestaat + Feudalwesen
    - 1. Stand: Hohe Geistliche + Klerus
    - 2. Stand: Adel
    - 3. Stand: Bauern und Bürger
  - Leben war geprägt von Arbeit

2 Sozialgeschichtlicher Hintergrund

- Die Familie im Mittelalter
  - Männlich geprägte Gesellschaft
  - Ehe
    - galt als Basis für Zusammenleben
    - Eheschließung oft von Eltern bestimmt
    - Zweck der Ehe aus katholischer Sicht: Vorbereitung auf Liebe + Fortpflanzung
  - Familie
    - Gesamte Hausgemeinschaft
    - Erziehungsort

2 Sozialgeschichtlicher Hintergrund

- **Fortsetzung:** Familie im Mittelalter
  - **Kinder und Jugendliche**
    - Materielle Abhängigkeit und Hilfsbedürftigkeit
    - Lebensalterstadien:
      - 1) Infantia
      - 2) Puertia
      - 3) Adoleszenz
      - 4) Erwachsenenstatus
    - Arbeit bestimmte auch schon Kindheit

3 Erziehung im Mittelalter

- **Basiert auf christlichen Glauben**
- **Erziehungsziele:**
  - 1) Gehorsam
  - 2) Vorbereitung auf zugewiesenem Stand
- **Gängiges Erziehungsmittel: Prügelstrafe**
- **Familiäre Erziehung und schulische Erziehung (Bildung) gingen Hand in Hand**

3 Bildung im Mittelalter

- Bildungsdifferenzierung!
- Klerus als Bildungsträger:
  - Klosterschulen
  - Domschulen
  - Pfarrschulen
- Städte als Bildungsträger
  - Latein bzw. Trivialschulen
  - Lese- und Schreibschulen
  - Winkel- oder Klippschulen
- Rittertum als Träger der höfischen Bildung
- Universitäten

4 Martin Luther als Pädagoge

- * 10.11.1483

- 1501   -   Studium in Erfurt

- 1512   -   Doktor der Theologie

- 31.10.1517-   Anschlag der 95 Thesen

- 1521   -   Wormser Reichstag → Reichsacht
                -          Übersetzung der Bibel auf der Wartburg

- 1525   -   Heirat mit Katharina von Bora

- † 18.02.1546

4 Martin Luther als Pädagoge

- Kleine Familienchronik:
  - Liebe musste sich erst entwickeln
  - Hatten 6 Kinder
  - Gegenseitige Unterstützung
- Seine Ehevorstellungen:
  - Ehe ist Gebot Gottes
  - Ehe ist Grundlage für Familie
  - Keine Minderbewertung der Frau mehr

4.3 Luthers Erziehungsverständnis

- Christlich motivierte Erziehung
- Erziehung ist weltliches Geschehen dessen Gelingen von Gottes Segen abhängt
- Erziehung findet in Familie statt

Aufgabe der Eltern: Erziehung zu Gottes Dienst

- Gehorsamsgrundsatz
- „Kind-werdungs-Grundsatz"
- „Bestrafungs-Grundsatz"
- Gliederung in Altersstufen

4.3 Luthers Bildungsverständnis

- Reformatorisches Anliegen:

Verbesserung der religiösen Bildung des Volkes

- Luthers Vorstellungen vom Katechismus

Einführung der „Religion" als gesondertes Unterrichtsfach

- Schulreform

Befreiung der Bildung vom mittelalterlichen Geist + Verschmelzung mit neuen Lehren

5 Aktueller Bezug

- Grundwerte der Ehe: Treu und Liebe
- Kindererziehung als Bestandteil des Ehealltags
  → Erste Erziehungsinstanz ist Familie
- Vermittlung von Werten
- Klima der Liebe bei Kindererziehung

Fragen zur Diskussion

- Was kann man heute unter „Erziehung zu Gottes Dienst" verstehen?
- Hat Familie heute noch denselben Wert wie damals?
- In was für einer Gesellschaft leben wir und wie können wir M. Luthers Erziehungs- und Bildungsverständnis für eine eventuelle Verbesserung der Situation nutzen?
- (War die Kindheit und Jugend im Mittelalter tatsächlich unbehütet?)

Literaturverzeichnis

- Carstens, L. O. (1999). Luther als Pädagoge: Studien zur Relevanzpädagogischer Grundgedanken Martin Luthers in einer wertunsicheren Welt. Aachen : Shaker.
- Hamann, B. (1993). Geschichte des Schulwesens : Werden und Wandel der Schule im ideen- und sozialgeschichtlichen Zusammenhang. 2. überarb. und erw. Aufl. Erschienen: Bad Heilbrunn : Klinkhardt.
- Hofmann, F. (Hg.). (1983). Pädagogik und Reformation. Von Luther bis Paracelsus; Zeitgenössische Schriften und Dokumente / Eingeleitet, ausgewählt und erläutert von Franz Hofmann. S. 19 – 30; S. 61 – 119. Berlin : Volk und Wissen.
- Retter, H. (1996). Glaube und Anfechtung in ihrer Bedeutung für Luthers Erziehungsverhältnis. In: Golz/Mayrhofer, S. 34 – 57. Münster : Lit,.
- Zwahr, Dr. Annette (2001). Meyers Großes Taschenlexikon in 25 Bänden. 8. Auflage. Mannheim : Brockhaus AG.
- http://de.wikipedia.org/wiki/Luther
- http://de.wikipedia.org/wiki/Mittelalter